Treasury of Hungarian Love

❖

*More Treasury of Love
Poems, Quotations & Proverbs available:*

Treasury of Arabic Love
Treasury of Finnish Love
Treasury of French Love*
Treasury of German Love*
Treasury of Italian Love*
Treasury of Jewish Love*
Treasury of Polish Love*
Treasury of Roman Love
Treasury of Russian Love*
Treasury of Spanish Love*

* Available as an Audio Book.

Hippocrene Books
171 Madison Avenue
New York, NY 10016

Treasury of Hungarian Love
Poems, Quotations & Proverbs

In Hungarian and English

EDITED AND PARTIALLY TRANSLATED BY
Katherine Gyékényesi Gatto

HIPPOCRENE BOOKS
New York

To Gregory, Georgina,
Peter and Stephen

❖

Cover illustration: "Lovers" by Pál Szinyei Merse. Oil on canvas, 1870. (Hungarian National Gallery, Budapest.)

Copyright© 1996 by Hippocrene Books

For information, address:
HIPPOCRENE BOOKS, INC.
171 Madison Avenue
New York, NY 10016

Library of Congress Cataloging-in-Publication Data

Treasury of hungarian love poems, quotations & proverbs/
edited and partially translated by Katherine Gyékényesi Gatto.
        p. cm.
    ISBN 0-7818-0477-9
        1. Love poetry, Hungarian. 2. Quotations, Hungarian. 3.
Love--quotations, maxims, etc. 4. Proverbs, Hungarian.   I.
Gyékényesi Gatto, Katherine, 1945-
PH3164.L6T74 1996
894'.51110080354--dc20   96-15658
                                                         CIP

Printed in the United States of America.

Contents

Hungarian Love Poems

❖

Az ö szerelmének örök és maradandó voltáról

Idővel paloták, házak, erős várak,
    városok elromolnak,
Nagy erő, vasztagság, sok kincs, nagy gazdagság
    idővel mind elmúlnak,
Tavaszi szép rózsák, liliom, violák
    idővel mind elhullnak;

Királi méltóság, tisztesség, nagy jószág
    idővel mind elvesznek,
Nagy kövek hamuá s hamu kősziklává
    nagy idővel lehetnek;
Jó hírnév, dicsőség, angyali nagy szépség
    idővel porrá lesznek;

Még az föld is elagg, hegyek fogyatkoznak,
    idővel tenger apad,
Az ég is béborul, fényes nap setétül,
    mindennek vége szakad,
Márvánkőben metszett írás kopik, veszhet,
    egy heliben más támad;

Meglágyul keménség, megszűnik irigység,
    jóra fordul gyűlölség,
Istentül mindenben adatott idővel
    változás s bizonyos vég,
Csak én szerelmemnek mint pokol tüzének
    nincs vége, mert égten ég.

Véghetetlen voltát, semmi változását
    szerelmemnek hogy látnám,
Kiben Juliátúl mint Lázár ujjátul
    könnyebbségemet várnám,
Ezeket úgy írám és az többi után
    Juliának ajánlám.

          Bálint Balassi (1554-1594)

❖

Of the Eternal and Lasting Nature of His Love

With time, palaces, dwellings, strong fortresses,
    and cities crumble,
Great strength, corpulence, many treasures, great wealth
    with time all pass away,
Spring's beautiful roses, lilies, violets
    with time all wither;

Kingly reverence, decency, great goodness
    with time are lost,
Large stones to ashes and ashes to boulders
    with much time may turn;
Good fame, glory, heavenly great beauty
    with time will turn to dust;

Even the earth decays, the mountains shrink,
    with time the oceans recede,
The heavens cloud over, the brilliant sun darkens,
    everything comes to an end,
Inscriptions carved in marble wear away, are lost,
    others take their place;

Hardness softens, and greediness ceases,
    hatred turns to love,
All of God's creation with time
    changes and surely ends,
Only my love like the fires of hell
    has no end, for it burningly burns.

If I could see my love's
    endless existence, never changing being,
From Julia as from Lazarus's finger
    I would await my relief,
I would dedicate all this I write
    and more to Julia.

Bálint Balassi (1554-1594)
Translated by Katherine Gyékényesi Gatto

❖

Hogy Juliára talála, így köszöne neki

Ez világ sem kell már nekem nálad nélkül, szép szerelmem,
Ki állasz most én mellettem. Egészséggel! édes lelkem.

Én bús szüvem vidámsága, lelkem édes kévánsága,
Te vagy minden boldogsága, veled Isten áldomása.

Én drágalátos palotám, jó illatú piros rózsám,
Gyönyörű szép kis violám, éll sokáig szép Juliám!

Feltámada napom fénye, szemüldek fekete széne
Két szemem világos fénye, éll, éll, életem reménye!

Szerelmedben meggyúlt szüvem csak tégedet óhajt lelkem,
Én szüvem, lelkem, szerelmem, idvez légy én fejedelmem!

Juliámra hogy találék, örömemben így köszenék,
Térdet fejet neki hajték, kin ő csak elmosolodék.

Bálint Balassi (1554-1594)

❖

When He Chanced upon Julia He Greeted Her Thus

I don't want this world without you, fair love
who stands beside me: good health, my sweetheart!

My woeful heart's cheer, my soul's sweet longing
you are all its joy: God's blessing be yours!

My precious palace, my fragrant red rose
my lovely violet, live long, Julia!

Dawn of my sunlight, your eyebrows' black fire,
my two eyes' bright light: live, live, my life's hope!

My heart burns for you, my soul longs for you:
my heart, soul, love—be blessed, my princess!

Thus Julia I greeted, seeing her:
I bowed knee, bowed head, and she merely smiled.
> *Bálint Balassi (1554-1594)*
> *Translated by Keith Bosley and*
> *Peter Sherwood*

❖

Kiben az Celia feredésének módját írja meg

Csudálván egy ferdőt, ki felette nagy gőzt
        magában eresztene,
Ferdős okát mondja: Ez, úgymond, nem csuda,
        mert Celia ül benne,
Kinek mezítelen testére szerelem
        gerjedvén füsti menne.

Mint az kevély páva verőfényen hogyha
        kiterjeszti sátorát,
Mint égen szivárván sok színben horgadván
        jelent esőre órát,
Celia oly frissen, új forma sok színben
        megyen táncban szaporát.

Mint nap szép homállyal fejér felhő által
        verőfényét, terjeszti,
Oly gyenge világgal vékony fátyol által
        haja szénét ereszti
Celia befedvén s mellyén tündökölvén
        drága gyémántkereszti.

Támadtakor napnak, mint holdnak csillagnak
        hogy enyészik világa,
Úgy menyek-szüzeknek, mint az szép füveknek
        vesz szépsége virága,
Mihent közikben kél Celia, az kinél
        égnek nincs szebb csillaga.

                        Bálint Balassi (1554-1594)

❖

He Describes the Manner of Celia's Bathing

Amazed at a bath giving off its breath
      in great puffs of vapour
he explains: This is nothing to amaze
      for Celia sits there at whose naked form,
love grows wild and warm
      and as smoke fills the air.

As the proud peacock by a strong glare struck
      will spread abroad its train
as the sky's rainbow curving hue by hue
      signals the hour of rain
so Celia goes fresh in many hues
      tripping to a sweet strain.

As at fair twilight through clouds tufted white
      the sun scatters its glare
with light as gentle through as thin a veil
      a glimpse of her bright hair
Celia grants, and her breast a diamond
      cross adorns, rich and rare.

As at the sun's leap moonlight, starlight , creep
      away, cut their losses
so the flower of maids of fair young brides fades
      like that of fair grasses
when Celia walks among them with looks
      no star in heaven surpasses.
      Bálint Balassi (1554-1594)
      Translated by Keith Bosley and
      Peter Sherwood

A kesergő szerelem

7. Dal

Mint a szarvas, kit megére
A vadásznak fegyvere,
Fut, de későn, foly már vére,
Vérzik tőle a csere:
Úgy futok én a pár-szemtől,
A seb mellyem baljában;
Ázik a föld keservemtől
Lábam minden nyomában.
De haj! mennél tovább érek,
Ynnál jobban gyűl a méreg,
S beljebb rögzik szívembe;—
Futok, haj, de vesztembe.

90. Dal

Hallottam én szép szavának
Ezüst hangját zengeni;
Filoméla panaszának
Hangja nem oly isteni!
A természet figyelmes volt,
S olvadozni láttatott;
A patakvíz lassabban folyt,
A fatető hallgatott;
Megszűnt minden madár dala,
Minden zefír fülel vala,
Megszűnt minden fuvalom,—
S mosolygott a fájdalom.

Sándor Kisfaludy (1772-1844)

The Torments of Love

Song 7

As the stag, when wounded sore
By the cruel hunter's spear,
Flies—too late—for more and more
Gushing veins his flanks besmear,
So I fly from your bright glance,
Seeking to avoid its smart—
All too late, the flying lance
Has already hurt my heart.
And, alas, the more I run,
Worse the festering poison grows;
Thus I feel my heart undone,
Stumbling sink beneath my woes.

Song 90

When I hear sweet music blent
From thy tones of silver fine,
Philomela's rich lament
Never sounded so divine.
Nature listens, mute and lowly,
In a silent ecstasy;
Hearkening rivers run more slowly,
Hush'd the leaves soliloquy.
Hush'd is every bird's high song,
Every Zephyr still'd the while;
Every breeze is lull'd along,
Even pain begins to smile.

Sándor Kisfaludy (1772-1844)
Translated by Watson Kirkconnell

❖

A rózsabimbóhoz

Nyílj ki, nyájasan mosolygó
    Rózsabimbó! nyílj ki már,
Nyílj ki; a bokorba bolygó
    Gyenge szellők csókja vár.

Óh, miként fog díszesedni
    Véled e parányi kert!
Óh, hogy óhajtják leszedni
    Rólad azt a drága szert!-

Hadd szakasszalak le, édes
    Rózsaszál: szép vagy te már.
Héj, ha meglát, hány negédes,
    Hány kacér leányka vár!

Nem, nem! egy leány se nyissa
    Büszke fűzőjét terád.
Űltetőd kedves X ... issa
    Néked újabb kertet ád.

Ott kevélykedj bíboroddal,
    Ékesebb bíborja közt!
Ott kevélykedj illatoddal,
    Kedvesebb illatja közt!
              Mihály Csokonai Vitéz (1773-1805)

❖

To the Rose-bud

Open, Rose-bud, sweetly smiling,
Open up at last;
Open to the vagrant breeze
Whose kisses are awaiting you.

Oh, how this weedy garden
Will take pride in you!
Oh, how dare they take
This precious garment from you.

Let me pick you, elegant stalk;
Already you are beautiful.
How many pert, coquettish,
Cheeky girls await you!

No, no! let no one of these
Undo her clasps at your sight;
Dear Julia, who planted you
Will grant you a new garden.

There you may parade your purple
Among more precious robes;
There you may parade your perfume
Among her dearer scents.

Mihály Csokonai Vitéz (1773-1805)
Translated by Paul Desney

Az elhaló szerelem

Szerelem oltárán
Kis lángocska még:
Egy fohász fuvalma,
S már a láng nem ég;
És kialszik óhatatlan
A többé meggyújthatatlan,
A kidúlt kebel;
Eltemetve gyász üszkében
Hamvad, amit életében
Ember üdvöst lel.

Szerelem oltárán
Még a fájdalom
S köny, minőt nem adhat
Többé hatalom;
Egy kicsin köny, ah de tenger,
Melyben a szív-s életinger
Mélyen sűlyed el.
A köny elhullt s érzeketlen,
Tompán, bútlan, örömetlen
Áll a puszta mell.

Szerelem oltárán
Szép emlékezet
Vissza tűkröz néha
Eltűnt képeket.
Év mulik s a kedves vendég,
A hitetni visszajött kép,
Messze honba száll:
És neked, ki szívkihalva,
Élsz magadtól iszonyodva,
Kell-e még halál?

Mihály Vörösmarty (1800-1855)

✤

Dying Love

Low burns the flame of love
    Upon the sacred shrine;
The flickering light thereof
    The faintest sigh would quench.
And never more relit
    Shall this flame be again?
Within the breast it quit,
    For now, extinguished quite,
Lies lifeless what in life
    Gives men most blissful light.

The bitter, heartfelt pain
    Upon love's sacred shrine,
And tears that fall as rain
    No powers can succeed.
A small tear, yet a sea,
    In which a life's desire
Is buried utterly.
    The tear rolled down, and numb,
Cold, joyless, evermore
    The void breast doth become.

The beauteous memory stays
    Upon love's sacred shrine;
Pictures of bygone days
    Repeatedly reflects;
Years pass, the gladsome guest—
    These pictures of the heart—
Fades from the fickle breast,
    And thou, with heart long dead,
And fearing most thyself,
    Of death hast sure no dread?
       Mihály Vörösmarty (1800-1855)
       Translated by William N. Loew

❖

Fekete szem

Szép a kék szem, nem tagadom,
Én a kékre sem haragszom,
De a barna szem sugára
Emlékeztet éjszakára,
A sötétes éjszakára,
Boldog szeretők napjára!
S nekem nappal éjszaka van,
Fényes delem éjféltájban.

Pillants egyet, édes rózsám,
Fekete szemű violám!
Fekete szem pillantása
Olyan mint a holló szárnya;
Ha benézek, tűkröt mutat,
Játékival szivem mulat,
S boldog vagyok, mint virágszál,
Mely szűz leány kebelén hál.

Mihály Vörösmarty (1800-1855)

❖

The Dark Eye

Fair past denial is the azure eye,
Naught should I say its beauty to decry;
But each glance of the dark eye brings to mind
The deep, dense night with stars the clouds behind
Reminds me of the lover's knightly ways,
and of the happy lover's olden days;
For unto me the midnight bringeth light,
And in the noonday I am oft in night.

Look at me, sweetest rosebud, now;
My dark-eyed fragrant violet thou,
For the dark-gleaming eye I sing;
As lovely as a raven's wing;
A mirror 'tis in which I gaze,
In which my soul's reflection plays;
And peace is mine as when doth rest,
A flower upon a virgin's breast.

Mihály Vörösmarty (1800-1855)
Translated by William N. Loew

❖

A kis leány baja

Isten a megmondhatója
Mennyit szenvedek,
Testi lelki nyúgodalmam
Mint eltüntenek.
Nappal álom forr fejemben,
Éjjel gond viraszt;
El sem végzem, már is újra
Kezdem a panaszt.

A sohajtás tartja bennem
Még az életet.
Keblem a sok sóhajtástól
Szinte megreped.
Csak sovárgok, csak tünődöm
Nem tudom, miért?
Mintha égnék s vágyakoznám
Bírhatatlanért.

Ah ha e sovár tünődés
Tán a szerelem;
Akkor jaj szegény leánynak,
Akkor jaj nekem!
Aki engem úgy szeressen,
Élve, halva hív,
Amint én szeretni tudnék,
Nincs oly férfiszív.

Mihály Vörösmarty (1800-1855)

❖

The Maiden's Sorrow

Ah, God alone can tell
      My sufferings how great
My body's and my soul's
      Peace I have lost of late.
Dreams fill my head by day,
      The night finds me awake;
I hardly cease, when I
      Anew complaint must make.

It is my sighs alone
      Which keep my life in me,
Although my anguished breast
      They rend most terribly.
I can but pine and yearn
      As if it were ordained
That I should long and burn
      For what can't be attained.

Ah, if this yearning all,
      May but my heart's love be,
Then woe this little maid;
      Then, woe, indeed, to me;
Since one who could return
      Such love as I bestow,
Faithful in life and death,
      Lives not on earth below.

Mihály Vörösmarty (1800-1855)
Translated by William N. Loew

❖

Ábránd

Szerelmedért
Feldúlnám eszemet
És annak minden gondolatját,
S képzelmim édes tartományát;
Eltépném lelkemet
Szerelmedért.

Szerelmedért
Fa lennék bérc fején,
Felölteném zöld lombozatját,
Eltűrném villám s vész haragját,
S meghalnék minden év telén
Szerelmedért.

Szerelmedért
Lennék bérc-nyomta kő,
Ott égnek földalatti lánggal,
Kihalhatatlan fájdalommal,
És némán szenvedő,
Szerelmedért.

Szerelmedért
Eltépett lelkemet
Istentől újra visszakérném,
Dicsőbb erénnyel ékesítném
S örömmel nyújtanám neked
Szerelmedért!

Mihály Vörösmarty (1800-1855)

❖

Revery

For thy love
My brain would pay the toll;
Each thought of it, I bring
To thee on fancy's wing;
I'd give to thee my soul
for thy love.

For thy love,
On yonder mountains high,
I'd be a tree, and dare
My head to storm-winds bare;
Each winter willing die
For thy love.

For thy love
I'd be a rock-pressed stone;
Within the earth, its flame
Shall burn my trembling frame;
I'd stand it with no groan
For thy love.

For thy love
My soul I would demand
From God; with virtues I
To deck it out would try
To place them in thy hand
For thy love.

Mihály Vörösmarty (1800-1855)
Translated by William N. Loew

❖

Esik eső ...

Esik eső a mezőre,
Csak úgy dűl,
Hej csak egy csepp esnék babám
Szeméből.
Eső után szebben virit
A mező,
Könnyezve szebb a lágyszivü
Szerető.
Viszi a szél a felhőket
Lefelé,
Felhők mögül ragyogó nap
Jön elé.
Hej, bár vinné bumat is el
Magával,
Csak engemet hagyna együtt
Babámmal.

Gergely Czuczor (1800-1866)

The Rain Is Falling

The rain is falling on the field;
    In pools it lies.
Would that one drop would only fall
    From my love's eyes!
After the rain, more radiant flowers
    The meadow bears.
More beautiful my gentle love
    Would grow in tears.
The wind transports the clouds away
    Beyond the north;
Out from behind their gloom the sun
    Comes shining forth.
O that the wind would also take
    My grief away,
And with the presence of my love
    Bring back the day!

        Gergely Czuczor (1800-1866)
        Translated by Watson Kirkconnell

Menyasszonyomhoz

Ölelve tartlak,
Ölelve végre!
Te hév szerelmem
Tündéri bére!

Enyém e szép szem,
E nyilt mennyország,
Amelybe nézni
Örök boldogság;

Enyém e szácska,
E bájbeszédes,
E csókolásban
Szerelmes édes,

Enyém e tündér—
Hazáju hó mell,
Magasra szépre
Gyúlt érzetével:

S mely szép szemedből
Szemembe lángol;
Amelyet ajkad
Ajkamra csókol;

Amelynek üdvét
Melledbe rejted,
Enyém, oh hölgyem,
Enyém szerelmed!

S e szerelemben
Egész egy éden,
Hol a boldogság
Virágzik nékem.

Oh hölgy, ez érzés
Oly édes, oly nagy!
Nem, oh nem álom!
Te hitvesem vagy!

János Garay (1812-1853)

❖

To My Bride

I embrace you,
Finally embrace you!
My burning love
Enchanting due!

Mine the pretty eyes;
To see bliss concealed,
To gaze into them,
Is heaven revealed.

Mine the little mouth,
Whose darling mistress,
In her kissing
Is loving sweetness;

Mine the beautiful
Snow-white breasts,
With noble, ardent
Feelings blessed.

Which from your eyes
Flame into mine;
And which your lips
Kiss into mine;

Whose beneficence
In your bosom is found,
Oh my lady, I'm
in your love bound.

And with this love
In paradise to be,
Is happiness eternal
Blooming for me.

Oh lady, this feeling
So sweet, so great!
No, it's not a dream!
You are my sweet mate!

János Garay (1812-1853)
Translated by Katherine Gyékényesi Gatto

Egy leánynak

Nem mondom, hogy ne álmodjál,
Tudom hogy az nem rajtad áll—
Dalt a fülmilének,
Lombot a tavasznak,
Ifjuságnak álmot
Az istenek adnak.

Hogy ne ébredj, nem kivánom;
Bármily édes volt az álom.
A nap is elszunnyad,
De virrad reggele;
A leány álmának
Lejár az ideje.

Nem kérem, hogy ne csalódjál;
Csalódnod kell, ha álmodál.
Mind azok, kik élnek,
Még akik megholtak,
A kereszt alatt is
Mindnyájan csalódtak.

Nem kívánom, mi nem lehet,
Álmodol olyat eleget;
Szép szemed drága szem,
Kedve isteneknek;
De a világrendből
Azért ki nem vesznek.

Szeress; álmodj; ébredj is fel:
Csalódj is, mert csalódni kell.
Én csak azt kívánom:
Hosszú legyen álmod;
Ébredésed késő,
S kicsiny csalódásod!

Endre Pap (1817-1851)

❖

To a Young Girl

I do not ask you not to dream;
That were a useless task, I deem.
Her sweet song to the nightingale,
      Its buds and leafage to the spring.
And unto youth its visions bright
      I know the gods in season bring.

I do not ask thee still to dream,
However sweet thy visions seem;
The radiant sun must ever set,
      But with the morning riseth new,
And so a maiden's golden dreams
      Will run their course and end it, too.

To keep unvexed I bid thee not;
Dreams ever disappoint, I wot;
For all who on the earth now live,
      And all who since the first have died,
Have borne this cross and often been
      Of disappointment sorely tried.

I ask thee not what cannot be;
Enough will come in dreams to thee;
Thine eyes, so beautiful and bright,
      Are favored in God's sight, I ween;
And yet their sweet, beseeching glow
      Can alter not the world's routine.

Love, dream thy dreams, and from them wake;
Though disappointment thou must take.
My only wish for thee is this:
      Long be thy dreaming time increased,
Tardy may thy awakening be,
      Thy disappointment be the least.

Endre Pap (1817-1851)
Translated by William N. Loew

❖

Égő szerelem

Honnan származott az égő
Szerelemnek szép virága?
Nyíló szirma úgy piroslik,
Mintha vérbe volna mártva.
            Éjjelenként mért sóhajtoz
Olyan hosszan, olyan mélyen?
Hisz boldogság és öröm van
Festve csillogó szinében!
            Midőn parlagrózsa szivét
Fénysziromnak gyilka érte,
Mely szerelemtől piroslott:
Földre omlott drága vére.
            És amint hull és patakzik,
Így kiált a hűtelennek:
"igaz voltam, elhajoltál ...!
Te megöltél, ... én szeretlek!"
            S hideg föld a vért elissza,
Benne minden élet elhül ...
De a holtat visszaküldi
A mosolygó kikelettül;
            Mert bár a szív nem dobog már,
S érzéketlen, föld alatt van,
Amely lángolt benne egykor,
A szent érzés halhatatlan!
            Hol kihullt a föld porára
Parlagrózsa forró vére:
Hatalma a szerelemnek
Uj virágot hoza létre.
            Ez sóhajt oly hosszan ... mélyen ...
A magános éjszakában:
"Hű maradtam, hűn szeretlek
Az életben, a halálban!"
            S kinek szirma úgy piroslik,
Mintha vérbe volna mártva:
Hulló vérből lett az égő—
Szerelemnek szép virága.
            Mihály Tompa (1817-1868)

❖

Burning Love

Whence came the beautiful
Flower of burning love?
Its petals unfolding turn crimson
As if dipped in blood.
Why does it sigh each night
So long, so deep?
When happiness and joy
Its radiant colors seek.
When the wild rose heart
the gleaming petals pierced,
which reddened so from love:
Its precious blood was spilled.
And as it flows and streams,
To the unfaithful one "I was true"
It cries, "you turned away ...
You murdered me, —I love you!"
And the cold earth drinks its blood,
In it all life cools away ...
Yet it sends the dead one back
With the smiling spring one day;
For while the heart no longer beats,
Senseless, below the earth it lies,
But what flamed in it before,
That sacred feeling never dies!
Where the wild rose's burning blood
Spilled on the dust of the earth:
The power of its love
Brings a new flower's birth.
Which sighs so long ... so deep ...
In the lonely night:
"I remained true, I love you truly
In death, and in life!"
And whose petals turn crimson,
As if dipped in blood:
From spilled blood came
The beautiful flower of burning love.

Mihály Tompa (1817-1868)
Translated by Katherine Gyékényesi Gatto

✤

Népdal

Virágzik a cseresznyefa,
Szebben virít rózsám arca,
Rózsám arca télben-nyárban
Legvirítóbb e határban.

Szemének tiszta kéksége
Az égnek felhőtlensége,
Fényes csillag lehullása
Kék szemének kacsintása.

Szőke haja ha len volna,
Királyleány abból fonna:
Ráillik a selyem ára
Hajának minden szálára.

Az aratást alig várom
Akkor veszem el galambon;
Meg is nézem minden reggel,
Sárgult-e a kalász éjjel?

Sándor Vachott (1818-1861)

Folksong

How pretty is the cherry tree
My love's face is fairer to me,
My love blossoms in summer-winter
Fairest of all who are near her.

The clearest blue of her eyes
The cloudlessness of the skies,
The bright star's falling
Her blue eyes' calling.

If her hair of flax were made,
A king's daughter would it braid:
More like satin I do swear
Is each strand of her fine hair.

Till harvest I can hardly wait
For that is our wedding date
Daily I look in the morning light
Did the wheat yellow more overnight?

Sándor Vachott (1818-1861)
Translated by
Katherine Gyékényesi Gatto

❖

A virágnak megtiltani nem lehet

A virágnak megtiltani nem lehet,
Hogy ne nyíljék, ha jön a szép kikelet;
Kikelet a lyány, virág a szerelem,
Kikeletre virítani kénytelen.

Kedves babám, megláttalak, szeretlek!
Szeretője lettem én szép lelkednek—
Szép lelkednek, mely mosolyog szelíden
Szemeidnek bűvösbájos tükrében.

Titkos kérdés keletkezik szivemben:
Mást szeretsz-e, gyöngyvirágom, vagy engem?
Egymást űzi bennem e két gondolat,
Mint ősszel a felhő a napsugarat.

Jaj ha tudnám, hogy másnak vár csókjára
Tündér orcád tejben úszó rózsája:
Bujdosója lennék a nagy világnak,
Vagy od' adnám magamat a halálnak.

Ragyogj reám, boldogságom csillaga!
Hogy ne legyen életem bús éjszaka;
Szeress engem, szívem gyöngye, ha lehet,
Hogy az isten áldja meg a lelkedet.
                Sándor Petőfi (1823-1849)

❖

You Cannot Bid …

You cannot bid the flower not to bloom.
When all the urgencies of springtide come;
Girlhood is spring, and love an opening flower,
A maid must bloom in springtime's golden hour.

My dearest heart, I lov'd thee at first sight!
Thy spirit won my heart, for it was bright
With all the smiling beauty of the skies
Caught in the magic mirror of your eyes.

A secret question rises in my mind:
Is thy heart mine, or to another join'd?—
Twin thoughts, they chase each other in my brain
As autumn sunshine chases autumn rain.

Ah, if I knew another's eager lip
Would kiss thy fairy cheek in fellowship,
I would henceforth as exile draw my breath,
Or give my spirit wholly up to death.

Shine on me, then, fair star of happiness,
Amid the darkness of my night's distress!
Love me, my heart's true treasure, love me now!
And God will bless the passion of our vow.
Sándor Petőfi (1823-1849)
Translated by Watson Kirkconnell

✥

Száz alakba ...

Száz alakba öltözik szerelmem,
Száz alakban képzel tégedet.
Majd sziget vagy s vívó szenvedélyem
Mint szilaj folyam fut körüled.

Máskor ismét, édes kedvesem, hogy
Szentegyház vagy, én azt gondolom,
És szerelmem mint repkény huzódik
Fölfelé a szentegyház-falon.

Néha gazdag útas vagy s szerelmem
Mint az útonálló megrohan,
Néha meg mint jámbor alamizsnás
Lép elédbe alázatosan.

Majd a Kárpát vagy, s én ott a felhő,
S mennydörgéssel ostromlom szived.
Majd meg rózsalomb vagy, s én körüled
Csalogányként zengek éneket.

Im, szerelmem ekkép változik, de
Soha meg nem szűnik, mindig él,
S nem gyöngül, ha néha szelidebb is ...
Gyakran csendes a folyó, de mély!
                    Sándor Petőfi (1823-1849)

❖

My Love

A hundred forms my love at times doth take,
And in a hundred shapes appears to me;
Sometimes an isle around which billows break,
The seas—my passions that encircle thee.

And then again, sweet love, thou art a shrine;
So that I think my love luxuriant falls,
Like leafy bowers, verdant and benign,
Around the church's consecrated walls.

Sometimes thou art a traveler, rich and great,
And, like a brigand, on thee breaks my love;
Again it meets thee in a beggar's state
And, suppliant, asks thee for the alms thereof.

Or thou art as the high Carpathian hills,
And I the thunderous cloud that shakes thy heart;
Or thou the rosebush round whose fragrance thrills
The nightingale, whereof I play the part.

Thus my love varies, but doth never cease;
It still remains imperishably sure;
Its strength abides, but with a greater peace;
Oft calm, and yet with depths that will endure.

Sándor Petőfi (1823-1849)
Translated by William N. Loew

Reszket a bokor mert ...

Reszket a bokor, mert
Madárka szállott rá.
Reszket a lelkem, mert
Eszembe jutottál,
Eszembe jutottál,
Kicsiny kis leányka,
Te a nagy világnak
Legnagyobb gyémántja!

Teli van a Duna,
Tán még ki is szalad
Szivemben is alig
Fér meg az indulat.
Szeretsz, rózsaszálam?
Én ugyan szeretlek,
Apád-anyád nálam
Jobban nem szerethet.

Mikor együtt voltunk,
Tudom, hogy szerettél.
Akkor meleg nyár volt,
Most tél van, hideg tél.
Hogyha már nem szeretsz,
Az isten áldjon meg,
De ha még szeretsz, úgy
Ezerszer áldjon meg!

Sándor Petőfi (1823-1849)

The Rosebush Trembles

The rosebush trembled when
A bird on its twig flew;
My own soul trembles when
I think, my dear, of you,
I think, my dear, of you,
My darling, charming maid,
Thou art the richest gem
My God has ever made.

When swollen the Danube is,
Then it doth overflow;
My heart, with love replete,
Does now for thee just so.
Tell me, my dearest rose,
Art thou to me still true?
Not even thy parents, dear,
Can love thee as I do.

I know thy love was mine
'Neath last year's summer sun;
But winter came since then—
Who knows what he has done?
And shouldst thou love no more,
I pray God bless thee still;
But, if thou lov'st me then,
A thousandfold he will.

Sándor Petőfi (1823-1849)
Translated by William N. Loew

Minek nevezzelek?

Minek nevezzelek,
Ha a merengés alkonyában
Szép szemeidnek esti-csillagát
Bámulva nézik szemeim,
Miként ha most látnák először …
E csillagot,
Amelynek mindenik sugára
A szerelemnek egy patakja,
Mely lelkem tengerébe foly—
Minek nevezzelek?

Minek nevezzelek,
Ha rám röpíted
Tekinteted,
Ezt a szelíd galambot,
Amelynek minden tolla
A békeség egy olajága,
S amelynek érintése oly jó!
Mert lágyabb a selyemnél
S a bölcső vánkosánál—
Minek nevezzelek?

Minek nevezzelek,
Ha megzendülnek hangjaid,
E hangok, melyeket ha hallanának,
A száraz téli fák,
Zöld lombokat bocsátanának
Azt gondolván,
Hogy itt már a tavasz,
Az ő régen várt megváltójok,
Mert énekel a csalogány—
Minek nevezzelek?

How Shall I Call You?

How shall I call you,
When in the dreaming afterlight
I look in wonder on the evening star
Of your fair eyes,
As if discovering I looked
Upon this star
And every ray
A brook of love
To flow into the ocean of my soul ...
How shall I call you?

How shall I call you,
When you let fly at me
Your glance,
This gentle dove,
Each feather of whose plumage is
An olive branch of tranquil peace,
Caressing to the touch and kind!
Softer far than silk
And gentle as the cradle's pillow ...
How shall I call you?

How shall I call you,
When sounds the vibrant music of your voice,
And if the trees now winterbound
Could only hear those lovely notes,
Green leaves would deck their boughs
For they would then believe
That Spring is here!—
Deliverer and long awaited one—
Because they hear the lark ...
How shall I call you?

❖

Minek nevezzelek,
Ha ajkaimhoz ér,
Ajkadnak lángoló rubintköve,
S a csók tüzében összeolvad lelkünk,
Mint hajnaltól a nappal és az éj,
S eltűn előlem a világ
Eltűn előlem az idő,
S minden rejtélyes üdvességeit
Árasztja rám az örökkévalóság—
Minek nevezzelek?

Minek nevezzelek?
Boldogságomnak édesanyja,
Egy égberontott képzelet
Tündérleánya,
Legvakmerőbb reményimet
Megszégyenítő ragyogó valóság,
Lelkemnek egyedüli
De egy világnál többet érő kincse,
Édes szép ifju hitvesem,
Minek nevezzelek?
          Sándor Petőfi (1823-1849)

❖

How shall I call you,
When my lips brush
The burning rubies of your lips,
And in a kiss of fire our souls melt into one,
As dawn melts darkness into day—
When world is gone from me,
And time is gone,
When I am deluged by eternity with all
The mysteries of utter bliss …
How shall I call you?

How shall I call you,
The sweetest mother of delight,
The fairy daughter of a fantasy
That dared to storm the sky!—
My wildest dreams ashamed before
The blinding beauty of a truth!—
The only treasure of my soul,
The dearest treasure of the world,
So lovely, sweet and young
          … my wedded wife,
How shall I call you?

Sándor Petőfi (1823-1849)
Translated by Eugénie Bayard Pierce and
                    Emil Delmár

❖

Szeptember végén

Még nyílnak a völgyben a kerti virágok,
Még zöldel a nyárfa az ablak előtt
De látod amottan a téli világot?
Már hó takará el a bérci tetőt.
Még ifju szivemben a lángsugarú nyár
S még benne virít az egész kikelet,
De íme sötét hajam őszbe vegyül már,
A tél dere már megűté fejemet.

Elhull a virág, eliramlik az élet ...
Űlj, hitvesem, űlj az ölembe ide!
Ki most fejedet kebelemre tevéd le,
Holnap nem omolsze-e sirom fölibe?
Oh mondd: ha előbb halok el, tetemimre
Könnyezve borítasz-e szemfödelet?
S rábírhat-e majdan egy ifju szerelme,
Hogy elhagyod érte az én nevemet?

Ha eldobod egykor az özvegyi fátyolt,
Fejfámra sötét lobogóul akaszd,
Én feljövök érte a síri világbol
Az éj közepén, s oda leviszem azt,
Letörleni véle könyűimet érted,
Ki könnyedén elfeledéd hivedet,
S e szív sebeit bekötözni, ki téged
Még akkor is, ott is, örökre szeret!
                    Sándor Petőfi (1823-1849)

At the End of September

Garden flowers still bloom in the valley;
The poplar is still verdant at the window;
But can you see the winter world over there?
Already the peaks are covered with snow.
My young heart is still filled with summer rays
And within it the whole springtime in blossom.
But lo, my dark hair is flecked with grey
And my head has been struck with winter's frost.

The flower drops and past life races ...
Sit, my wife, sit here on my lap now!
Will you, who on my breast her head places,
Not bend over my grave tomorrow?
O, tell me, if I die before you,
Will you cover my body with a shroud—weeping?
And will love of a youth sometime cause you
To abandon my name for his keeping?

If one time you cast off your widow's veil,
let it hang from my headstone, a banner!
I will come up from the world of the grave
In the dead of the night and take it with me
To wipe from my face the tears shed for you,
Who has lightly forgotten her devotee,
And to bind the wound in the heart of one,
Who still then in that place, loves you forever.

Sándor Petőfi (1823-1849)
Translated by Paul Desney

✤

Szeretnélek még egyszer látni ...

Szeretnélek még egyszer látni
A kertben, ott a fák alatt,
Hallgatni édes csevegésed,
Mint gyermek, úgy örülni véled,
Szakitva a virágokat.

Szeretnélek még egyszer látni
Homályos őszi délután,
Kandallódnál a karosszéken,
Ha mintegy elringatva, ébren
Alszol s álmodva nézsz reám.

Szeretnélek még egyszer látni,
Midőn úgy várod jöttömet,
Megismersz immár a távolból,
S bár ajkad olyan hidegen szól,
Elárul néma örömed.

Szeretnélek még egyszer látni,
Szép csöndes nyári estvelen,
Holdfénynél az akácok árnyán,
Midőn fejed keblemre hajtván,
Így suttogsz: még maradj velem!

Szeretnélek még egyszer látni
A vén udvarház csarnokán,
S ha elhangzott az Isten-hozzád,
Még visszanézni utólszor rád,
S először sírni igazán.

Szeretnélek még egyszer látni,
Meggyógyítna egy pillanat.
Mit szenvedtem, feledni tudnám,
S még egyszer örömest feldúlnám,
Éretted ifjúságomat!

Pál Gyulai (1826-1909)

✤

I Would Enjoy to See You …

I would enjoy to see you once again
Inside the garden, there, among the trees,
To listen to your quiet, velvet voice,
And then we both like children would rejoice,
Plucking our flowers in the springtime's breeze.

I would enjoy to see you once again
On an autumnal dusky afternoon
Before the fireplace, in your armchair deep,
As if you lulled or wide-awake would sleep
And look at me daydreaming in the room.

I would enjoy to see you once again
As you are waiting for my daily call;
Although you recognize me far away,
And though your words are cold, your lips betray
Your silent gayness, darling, after all.

I would enjoy to see you once again
Upon a pretty, tranquil summer night
When in their moonlit shades acacias rest,
And as your head is leaning on my breast
You slowly whisper: "Darling, hold me tight!"

I would enjoy to see you once again
Inside the entrance of your bungalow,
And when the final word, goodbye, is said
Then backward turning once again my head,
My tears this once in life would truly flow.

I would enjoy to see you once again,
This hour would make me happy through and through;
I could forget my every suffering,
And I would gladly give you everything—
I would destroy my youth again for you!

    Pál Gyulai (1826-1909)
    Translated by Joseph Grosz and W. Arthur Boggs

❖

Húsz év mulva

Mint a Montblanc csucsán a jég,
Minek nem árt se nap, se szél,
Csöndes szivem, többé nem ég;
Nem bántja ujabb szenvedély.
Körültem csillagmiriád
Versenyt kacérkodik, ragyog,
Fejemre szórja sugarát;
Azért még föl nem olvadok.
De néha csöndes éjszakán
Elálmodozva, egyedül—
Mult ifjuság tündértaván
Hattyúi képed fölmerül.
És akkor még szivem kigyúl,
Mint hosszu téli éjjelen
Montblanc örök hava, ha túl
A fölkelő nap megjelen ...

János Vajda (1827-1897)

❖

Búza közé ...

Búza közé száll a dalos pacsirta,
Hogyha magát már odafenn kisírta.
S búzavirág, búzakalász árnyába
Reáakad megsiratott párjára.
Én is szállok ... a lelkem száll dalolva.
De leszállni nem szállhatok sehova.
Nem fogad be: hova szállnom kellene,
Búzavirágszemü kis lány kebele!

Kálmán Tóth (1831-1881)

❖

After Twenty Years

As on Mont Blanc the glacier's snow
Cannot be hurt by sun and gale,
My silent heart burns not, and so
It is unhurt when passions wail.

Millions of stars surround my head,
Compete and flirt, dazzle and shine,
Scattering rays both blue and red
They cannot melt this ice of mine.

But sometimes in the night I wake
Daydreaming lonely in the dark—
On bygone childhood's fairy-lake
Your swanlike picture starts to spark.

And then my heart becomes as bright
As glaciers of Mont Blanc's white snow
When after one long winter night
The rising sun begins to glow.

János Vajda (1827-1897)
Translated by Joseph Grosz and W. Arthur Boggs

❖

Among the Wheat

Down through the wheat the lark in anguish flies
From having sung its sorrow through the skies,
And there, among the shadows of the corn,
Finds the dead mate its aery dirges mourn.

I also fly ... my song soars high in grief
Yet knows not where to light to find relief,
And seeks in vain to find, by any art,
The little blue-eyed lady of my heart!

Kálmán Tóth (1831-1881)
Translated by Watson Kirkconnell

Felleg borul az erdőre

Felleg borul az erdőre ...
Nem átkozlak, ne félj tőle!
Ha rád ajkam átkot szórna,
So'sem szerettelek volna.

Pedig szerettelek nagyon,
Szóval ki sem is mondhatom.
Szerettelek nagyon, híven,
Gerlesírás volt a szívem.

Most is hogyha néha látlak,
Mindkét szemem könnybe lábad,
Nem felejtem el a régit ...
Búbánatom hosszát, végit.

Hej te kis lány! nem érdemled,
Amit e szív érted szenved ...
De jó ... hát majd nem mutatom,
Fájdalmamnak vége vagyon.

Rózsát tűzök kalapomra,
Rózsás dal jő ajakomra,
Fölcsapok a rózsa színhez ...
Ez illik a vérző szívhez!

Kálmán Tóth (1831-1881)

✥

Cloud Covers the Forest

Cloud covers the forest clear ...
I do not curse you, do not fear!
If my lips would curse you ever,
I could not have loved you ever, never.

But I loved you very dearly
Words cannot express it clearly.
I loved you dearly, truly, still
The turtle dove's cry my heart doth fill.

Whenever now I see you near,
Forthwith my eyes begin to tear,
I do not forget the past ...
My grief—its length and end recast.

Hey sweet girl! You don't deserve,
The suffering in this heart's reserve ...
But yes ... I will not show
How my suffering really doth go.

I'll pin a rose to my hat,
I'll sing a rosy tune to that,
I'll give the color rose its full due,
It matches well the bleeding heart's hue.

    Kálmán Tóth (1831-1881)
    Translated by Katherine Gyékényesi Gatto

❖

A csók

Nem értik azt meg, csak a suttogók,
Hogy mi az édes, az igazi csók.
Nincs abba' jog, nincs akarat, se szándék,
Nem csere az, de kölcsönös ajándék,
Szüli a perc váratlan, hirtelen,
Midőn a szikra gyújt két födelen.
Édes a csók, ha alszik kedvesed
S mit önként adna, lopva elveszed;
Édesb a csók, ha durcás ajakat
Megrablasz csókért, melyet az nem ad.
Legédesb csók, ha minden szomjú fél
A csókot adva, csókot lopni vél,
Ha vágyát érzi csak, de nem jogát,
Csak venni vágy s nem érzi azt, hogy ád.
Ám ilyen csókot is százat terem,
Nem házasság, de édes szerelem;
De ami ennek is még mézet ád:
Ha a világ, az irígy, mostoha,
Mint őrszem leskelődik rá s reád,
S jön perc, hogy érzed: Mostan, vagy soha!
S a karba kar és ajkra ajk repűl,
S minden erő s érzés az ajkba gyűl,
Mindenik első, végső mindenik,
Mindenik csókol és csókoltatik.
A vágy, mint búvár, amint vízbe ére,
Leszáll a pillanatnak fenekére—
Oh, egy arasznyi percben mennyi kincs!
Nem csók az, hidd el, amely tiltva nincs!
Lajos Dóczi (1845-1919)

❖

What Is a Kiss?

Tis understood alone by those who lean
To listen, what a sweet, true kiss doth mean.
Therein there is no right, will, or intent;
Exchanging not, they mutually present—
Born of a minute, as though suddenly
Two sparks should catch and cause a flame to be.
Sweet is the kiss if sleep thy sweetheart sway;
What she might give thou tak'st in stealthy way;
But sweeter still if from the pouting lip
Denying and delaying thou dost sip.
But sweetest 'tis when both a thirst do feel,
And, giving, each from t'other fain would steal.
Yet, if desire exists where no claim lives,
It dares to take, but feels not that it gives;
Indeed, such kisses, which by hundreds thrive,
Not wedded yoke but sweet love keeps alive.
Even this is sweeter when earth's envious eyes,
Like falcon's, watch thee and thy honeyed prize.
The moment comes, thou feelest "now or never!"
Arms fly to arms, lips cling as though forever
Each would be first and each be last in bliss;
Each one is kissed and each doth warmly kiss.
Just as a diver to the depths doth leap,
So doth desire plunge in the moment's deep.
What rapture can a brief span not conceive?
If not forbidden, 'tis no kiss, believe!

        Lajos Dóczi (1845-1919)
        Translated by William N. Loew

❖

Madrigál-féle

Hogy csókoltál és hogy csókoltalak,
Hogy együtt ültünk ákácfák alatt
Valamikor májusba … ketten …
Ma tél van, elfeledtem,
Hogy szerettél és hogy szerettelek,
Hogy öleltél és hogy öleltelek
Lopva, titokba, önfeledten,
Ma tél van, elfeledtem.

A tél havával mindent behavaz,
Téllé fagyott szivemben a tavasz:
Ma tél van, elfeledtem,
Hogy szerettél és hogy szerettelek,
Hogy öleltél és hogy öleltelek,
Hogy csókoltál és hogy csókoltalak,
Hogy együtt ültünk ákácfák alatt,
Valamikor májusba … ketten …
        Jenő Heltai (1871-1957)

❖

Like a Madrigal

How you kissed me and how I kissed you,
How we sat together under the acacia trees
Sometime in May ... we two ...
Today it's winter, I don't remember,
How you loved me and how I loved you,
How you embraced me and how I embraced you
Furtively, secretly, obliviously,
Today it's winter, I don't remember.

The winter with its snow covers everything,
Spring has frozen in my heart:
Today it's winter, I don't remember,
How you loved me and how I loved you,
How you embraced me and how I embraced you
How you kissed me and how I kissed you,
How we sat together under the acacia trees,
Sometime in May ... we two ...

Jenő Heltai (1871-1957)
Translated by Katherine Gyékényesi Gatto

Félig csókolt csók

Egy félig csókolt csóknak a tüze
Lángol elébünk.
Hideg az este. Néha szaladunk,
Sírva szaladunk
S oda nem érünk.

Hányszor megállunk. Összeborulunk.
Égünk és fázunk.
Ellöksz magadtól: ajkam csupa vér,
Ajkad csupa vér.
Ma sem lesz nászunk.

Bevégzett csókkal lennénk szívesen
Megbékült holtak,
De kell az a csók, de hí az a tűz
S mondjuk szomorún:
Holnap: Majd holnap.
          Endre Ady (1877-1919)

❖

A Half-Kissed Kiss

A half-kissed kiss is wildly before us
Blazing and flaming.
Cold is the evening. Sometimes we hasten,
Weeping we hasten,
Never attaining.

How often we stop. Together we mourn,
Freezing and burning.
Thou thrustest me back. Blood-stained are my lips,
Blood-stained are thy lips,
Yearning and yearning.

This kiss consumed we should peacefully
Die without sorrow.
We long for that kiss, we crave for that fire,
But sadly we say:
Tomorrow, tomorrow.

Endre Ady (1877-1919)
Translated by R. Bonnerjea

❖

Lédával a bálban

Sikolt a zene, tornyosul, omlik
Parfümös, boldog, forró, ifju pára
S a rózsakoszorús ifjak, leányok
Rettenve néznek egy fekete párra.

"Kik ezek?" S mi bús csöndben belépünk.
Halál-arcunk sötet fátyollal óvjuk
S hervadt, régi rózsa-koszoruinkat
A víg teremben némán szerte-szórjuk.

Elhal a zene, s a víg teremben
Téli szél zúg s elalusznak a lángok.
Mi táncba kezdünk és sírva, dideregve
Rebbennek szét a boldog mátka-párok.
                Endre Ady (1877-1919)

❖

Léda a kertben

Bús kertben látlak: piros hinta-ágy
Himbálva ringat.
Lankadt virágok könnyes kelyhekkel
Siratják a csókjainkat.

Álmodva nézlek: két piros felhö
Kószál az égen,
Csókokat gyarlón, himbálva váltnak
S meghalnak vágyak tüzében.

Két piros felhő: szállunk. A lángunk
Éhesen lobban.
S itt lent a kertben még a pipacs is
Szán bennünket jóllakottan.
                Endre Ady (1877-1919)

With Léda at the Ball

The music screams, it towers; perfumed, young
And sultry vapors flutter in the air,
As flower-wreathed young boys and maidens gaze
In terror at the somber couple there.

"Who are these two?" We enter without words,
Our lifeless faces covered by a pall.
We throw our withered roses silently
Among the couples in the joyous hall.

The music dies, and in the merry hall
Wintery breezes blow the flames to sleep.
We start on dancing, as the couples are
Frightened away and shiveringly weep.

Endre Ady (1877-1919)
Translated by Joseph Grosz and W. Arthur Boggs

❖

Léda in the Garden

In a somber garden your crimson hammock
Lullingly dangles.
Drooping flowers with tearful petals
Wail for our kisses and wrangles.

I dreamily gaze at you; on the heavens
Purple clouds ramble.
Swaying they trade their fragile kisses
And die in their longings' fire-shamble.

Two purple cloudlets; we fly. Our passions
Flare to be sated;
And here in the garden also the poppies
Pity us satiated.

Endre Ady (1877-1919)
Translated by Joseph Grosz and W. Arthur Boggs

❖

A Léda arany-szobra

Csaló játékba sohse fognál,
Aranyba öntve mosolyognál
Az ágyam előtt.
        Két szemed két zöld gyémánt vóna,
Két kebled két vad opál-rózsa
S ajkad topáz.
        Arany-lényeddel sohse halnál,
Ékes voltoddal sohse csalnál,
Én rossz asszonyom.
        Hús-tested akármerre menne,
Arany tested értem lihegne
Mindig, örökig.
        S mikor az élet nagyon fájna,
Két hűs csípőd lehűtné áldva
Forró homlokom.
        Endre Ady (1877-1919)

❖

Add nekem a szemeidet

Add nekem a te szemeidet,
Hogy vénülő arcomba ássam,
Hogy én magam pompásnak lássam.
        Add nekem a te szemeidet,
Amelyek ölnek, égnek, vágynak,
Amelyek engem szépnek látnak.
        Add nekem a te szemeidet,
Kék látásod, mely mindig épít,
Mindig irgalmaz, mindig szépít.
        Add nekem a te szemeidet.
Magam szeretem, ha szeretlek
S írígye vagyok a szemednek.
        Endre Ady (1877-1919)

❖

The Golden Statue of Léda

You never start deceptive wiling,
In golden cast you keep on smiling
Before my bedstead.
　　　Your eyes are two green diamond-showers,
Your bosom two wild opal flowers,
Your lips a topaz.
　　　Your golden ego cannot leave me,
Your gorgeous self cannot deceive me,
My sinful woman.
　　　Wherever your flesh-body rambles,
Your golden body pants and trembles
For me, forever.
　　　And when my life becomes depressing,
Your golden hips shall soothe with blessing
My glowing forehead.
　　　Endre Ady (1877-1919)
　　　Translated by Joseph Grosz and W. Arthur Boggs

❖

Give Me Your Eyes

Give me your eyes,
So that I may bury them in my aging face,
So that I may see myself splendid.
　　　Give me your eyes,
Which kill, burn, desire,
Those which see me handsome.
　　　Give me your eyes,
Your blue gaze, which always builds,
Always shows mercy, always beautifies.
　　　Give me your eyes.
I love myself, if I love you
And I'm envious of your eyes.
　　　Endre Ady (1877-1919)
　　　Translated by Katherine Gyékényesi Gatto

Litánia

Te édes-kedves társam,
Miféle szerződés ez?
Micsoda isten írta,
Mikor szivünkbe írta?

Én puha, fehér párnám,
Min nem nyughattam eddig.
Lelkem szép muzsikája,
Mit nem hallottam eddig.

Bölcsességgel irott könyv,
Mostanig nem tanultam.
Én friss-jó egészségem:
Mily soká beteg voltam!

Én reggeli harangszóm,
Szép napos délutánom,
Szelíd, esteli lámpám,
Sűrű csillagos éjem.—

Ó éjem, égem, kékem,
Te kedves kedvességem!
Csobogó, teli korsóm,
Friss, hajnali harangszóm,
Csendes, nyugalmas álmom,
Napfényes délutánom!

"Szerelem" —ezt már írtuk,
Prózába, versbe sírtuk.
Szerelem;—olcsó szó ez!
Szerelem;—így ne hívjuk!

❖

Litany

My darling, lovely mate,
What contract have we made?
Which goddess wrote these words,
These words inside our hearts?

My pillow's soft and white,
I never had that kind.
Till now I never heard
Fair music in my soul.

I never learned before
This wisely written book.
My good and lively health:
How long I have been sick.

My early morning's bell,
My sunny afternoon,
My gentle evening-light,
My peaceful starry night.

My blue, my sky, my night,
My lovely, darling sight!
My splashing cup as well,
My dawning's tolling bell,
My gentle dreaming's tune,
My sunny afternoon!

"Love"—we wrote it so
And cried in verse and prose.
Love—this word is low!
Love—we say not so!

❖

Apám vagy és fiam vagy,
A mátkám és a bátyám,
—Kicsiny, fészkes madárkám,
Ideál; szent, komoly, nagy—
Pajtásom, kedvesem vagy!
Hittel és emberséggel
Első te, kit vállallak,
Kit szívvel, szóval vallak
És álmomba se csallak.
Kit bántani nem hagynék,
Kiért tan ölni tudnék.
Te édes—kedves társam,
Miféle szerződes ez?
Micsoda isten írta?
                    Margit Kaffka (1880-1918)

❖
Milyen volt

Milyen volt szőkesége, nem tudom már,
De azt tudom, hogy szőkék a mezők,
Ha dús kalásszal jő a sárguló nyár,
S e szőkeségben újra érzem őt.

Milyen volt szeme kékje, nem tudom már.
De ha kinyílnak ősszel az egek,
A szeptemberi bágyadt búcsuzónál
Szeme színére visszarévedek.

Milyen volt hangja selyme, sem tudom már,
De tavaszodván, ha sóhajt a rét,
`Úgy érzem, Anna meleg szava szól át
Egy tavaszból, mely messze, mint az ég.
                    Gyula Juhász (1883-1937)
You are my father, fate,

68

You are my father, fate,
My brother, son and mate—
A tiny nestled bird.
Ideal, sacred, great:
You are my darling mate.
With faith, humanity
You are the first for me!
My heart and words believe you,
I never could deceive you.
I will not let men grieve you,
I'd murder to retrieve you.
My darling, lovely mate,
What contract have we made?
Which goddess wrote the words?

Margit Kaffka (1880-1918)
Translated by Joseph Grosz and W. Arthur Boggs

I Have Forgot

I have forgot the fairness of her hair;
But this I know, that when the flaming grain
Across the rippling fields makes summer fair,
Within its gold I feel her grace again.

I have forgot the blueness of her eyes;
But when Septembers lay their tired haze
In sweet farewell across the azure skies,
I dream once more the sapphire of her gaze.

I have forgot the softness of her voice;
But when the spring breathes out its softest sigh,
Then I can hear her speak the tender joys
That bless'd the springtime of a day gone by.

Gyula Juhász (1883-1937)
Translated by Watson Kirkconnell

❖

Sugár

Hogy bomlanak, hogy hullanak
a fésük és gyürűs csatok:
ha büszkén a tükör előtt
bontod villanyos hajzatod!
Ugy nyúlik karcsú két karod
a válladtól a fürtödig,
mint antik kancsó két füle
ha könnyed ívben fölszökik.

Ó kancsók kincse! drága kincs!
Kincsek kancsója! Csókedény!
Hozzád hasonló semmi sincs,
szent vággyal nézlek téged én!
Eleven kancsó! életé,
kiben a nagy elixir áll,
amelytől élő lesz a holt
s a koldus több lesz, mint király.

Hogyan dicsérjem termeted?
A pálmafák, a cédrusok,
az árboc és a liliom—
az mind nem él, az nem mozog ...
De benned minden izom él,
idegek, izmok és inak,
titkon mint rejtelmes habok
szélcsöndben is hullámlanak.

Amerre jársz, a levegő
megkéjesül, megfinomul,
s miként dicsfény a szent köré
testedhez fényköddel borul.
Kályhában fellobog a láng,
falon az óra elakad,
ha büszkén a tükör előtt
kibontod élő derekad.

Mihály Babits (1883-1941)

✤

Radiance

How the combs and ringed clips
Come undone and fall asunder:
When you proudly before the mirror
Let loose your sparkling hair!
Your two slim arms stretch
from your shoulders to your tresses,
like an antique pitcher's two handles
that spring forth gracefully.

Oh treasure of pitchers! precious treasure!
Treasure's pitcher! Vessel of kisses!
Nothing is similar to you,
I gaze at you with holy desire!
Living pitcher! of life,
in whom the great elixir stands,
that turns the dead into living
and the beggar into more than a king.

How can I praise your figure?
The palm trees, the cedars,
the mast and the lily—
they do not live, they do not move …
But in you each muscle lives,
nerves, muscles and tendons,
secretly like mysterious waves
still billow in the quiet breeze.

Wherever you go, the air
fills with delight, and grows more refined,
and like the halo around a saint
covers your body with an aura of light.
In the stove the flames flare,
on the wall the clock stops,
when you proudly before the mirror
Undo your living waist.

Mihály Babits (1883-1941)
Translated by Katherine Gyékényesi Gatto

✠

Gretna-Green

Kék az ég ma, zöld az ág—
milyen messze, más világ!
mennyi rózsa, lám a pünköst—
Ámor röpdös négy szemünk közt
—   s semmi harc és semmi kín:
         mindjárt itt lesz Gretna Green
         szállunk, szállunk mind tovább
         tefeléd, szép délibáb!

Bájkocsim szemed sugára,
csókos szók az ostorom.
Hopp! megszállunk éjszakára
valamely monostoron
—   e monostor nemcsak rím,
         e monostor Gretna Green
         vén kovács ott ősz apát,
         aki minket összeád.

Sorsom, borsom mit kivánsz?
legszebb a mezalliánsz:
légy hát, édes ellenségem,
Hófehérke, feleségem
—   mennyi illat, mennyi szín!
         szép az útad, Gretna Green
         mennyi rózsa, mily tavasz
         bárányfelhő ránk havaz.

Mennyi szín és mennyi kincs!
szebb ut nincs és jobb ut sincs.
Ez a rév itt Eva réve:
rég ismérem, ezer éve.
—   Kinn vagyunk már, hejh de kinn!
         Hol van, hol van Gretna Green?
         Meddig szálljunk még tovább
         érted ó szép délibáb?

❖

Gretna Green

Blue the sky and sweet the scent,—
worlds how far and different!
look the roses, Whitsuntide—
Amor flies on every side
— neither torture, nor chagrin:
    soon we get to Gretna Green
    flying onwards, flying to,
    towards lovely mirage, you!

Charmcoach is your glancing eye,
kissing words the whip of urge
Lo! we stop when midnight nigh
somewhere at a country church
— this church is no rhyming dream,
    this church is the Gretna Green
    old blacksmith with silver hair
    is the priest, who weds us there.

Fate and fortune what she wants,
beautiful mesalliance:
please be my dear enemy,
Snowwhite, sweet and marry me
— full of scent and full of dream
    sweet is your road Gretna Green
    full of roses, spring and lo!
    falls from fleecy cloud the snow.

Full of colour, full of sun!
sweeter none, and better none.
Here the haven, bay of Eve:
real and not a make-believe!
— Fades the path, how strange a scene!
    Where is, where is Gretna Green?
    How long must we fly, we two
    towards lovely mirage you?

Esteledik az idő,
hűs az árny és zörg az ág—
megaszalt a déli hő
s esttől borzongsz, szép virág
— aggadozva kérded ím:
"Messze még a Gretna Green?"
Jaj virágom, nem tudom
megtévedtünk az uton.

Szökken a kocsim: világom
köd borítja s légi nedv,
lankad útazó virágom,
bennem is a régi kedv
— mennyi harc és mennyi kín!
Messze még a Gretna Green
s szempillámat—ó de kár—
ólom-álom üli már.

Mihály Babits (1883-1941)

Feleségemnek

Megszoktalak, akár a levegőt,
bármerre nézek, mindenütt te vagy,
szekrényem alján, a fiókjaimban,
az agyvelőmben és nem veszlek észre.
De múltkor este, amikor bejöttél
szobámba s mondtál valamit nekem,
sok év után egyszerre ráocsudtam,
hogy itt vagy és szavadra sem figyelve
ámulva néztelek. Szemem lehunytam.
Ezt hajtogattam csöndesen magamban:
"Megszoktam őt, akár a levegőt.
Ő adja nékem a lélegzetet.

Dezső Kosztolányi (1885-1936)

Getting darker nears the moon,
clanks the branch and shadows ease—
Exhausted by heat of noon
you shiver from evening breeze
—   anxiously you view the scene:
        "How far is the Gretna Green?"
        Oh my darling, how to say
        I don't know, we lost the way.

Leaps my coach, and floods me chill,
fog and misty multitude,
languishes my travel-thrill,
fading is my former mood
—   full of torture, fight, chagrin!
        Far is still the Gretna Green
        on my eyelids—hopes by-passed—
        dreary dream is falling fast.

> *Mihály Babits (1883-1941)*
> *Translated by E.F. Kunz*

❖

To My Wife

I'm used to you as I am used to air,
anywhere I look, everywhere you are,
deep in my wardrobe, on the table top,
in all my brain cells unknown, unaware.
But just it happened so the other day
you came in my room telling something odd;
so after years of years I realized
that here you are and scarcely listening
surprised I looked at you. I closed my eyes.
And this to myself I repeated mumbling:
"I'm used to her as I am used to air.
She is giving me the breath."

> *Dezső Kosztolányi (1885-1936)*
> *Translated by E.F. Kunz*

75

✧

Pillanatok

Mióta tegnap megcsókoltalak
s te sóváran (de csak egy pillanatra,
mert máris tiltakoztál) remegő
térdeid közt hagytad a térdemet:
folyton elém rajzol a hála, folyton
előttem állsz, utcán és munka közben
folyton beléd ütközöm: hátracsukló
fejedet látom, kigyúlt arcodat,
csukott szemedet s a kínzó gyönyörvágy
gyönyörű mosolyát az ajkadon.
Ilyenkor egy-egy pillanatra én is
lehúnyom a szemem és szédülök:
érzem közeled, arcom arcod édes
vonalaiban fürdik, kezemet
sütik forró kebleid, újra csókolsz,
s én rémülten ébredek: óh, hisz ez
már őrület—s megis oly jólesik
beléd veszteni magamat: egész
tested körülömöl és én boldogan
nyargalok szét lobogó ereidben.
        Lőrinc Szabó (1900-1957)

Moments

Since yesterday when I kissed you
and you languishing (but just for a moment,
since you protested already) left
my knee between your trembling knees:
constantly gratitude renders you before me,
constantly you stand before me, on the street, at work
constantly I run into you: I see your head
bent back, your burning face,
your closed eyes and tortured beauteous desire's
beautiful smile on your lips.
At such a time I too close my eyes for just
a second and I feel faint:
I feel your nearness, my face bathes in the
sweet lines of your face, your burning breasts
scorch my hand, you kiss me again,
and I awaken terrified: oh, this is but
pure craziness—and still it feels so good
to lose myself in you: your entire body
flows around me and I happily
gallop away in your flaming veins.

Lőrinc Szabó (1900-1957)
Translated by Katherine Gyékényesi Gatto

❖

Mert sehol se vagy

Mert sehol se vagy, mindenütt kereslek,
nap, rét, tó, felhő, száz táj a ruhád,
mindig mutat valahol a világ
s mindig elkap, bár kereső szememnek
tévedései is hozzád vezetnek,
úgyhogy fény-árnyak, tündérciterák
villantják hangod, a szemed, a szád,
csöndes játékait a képzeletnek:
látlak s nem látlak, drága nevedet
csengi csendülő szivembe szived,
de percenkint ujra elvesztelek:
csillagokig nyílok szét s hallgatózom,
üldüződ, én, mégis, mint akit ólom
húz le, sírodba, magamba csukódom.
            Lőrinc Szabó (1900-1957)

❖

Since You Are Nowhere

Since you are nowhere, I look for you all over,
sun, meadow, lake, cloud, a hundred landscapes
        your cover,
always the world shows you somewhere
and always it hides you, but the mistakes
of my probing eyes lead me to you,
so that light-shadow, fairy zithers
flash your voice, your eyes, your lips,
the silent playfulness of the imagination:
I see you and I don't see you, your dear name
your heart makes resound in my ringing heart,
but from moment to moment I lose you again:
I reach out to the stars and I listen,
your pursuer, I, still, as if pulled down
by lead, into your grave, withdraw into myself.

        Lőrinc Szabó (1900-1957)
        Translated by Katherine Gyékényesi Gatto

Éva

Mint Ádám azt a bordát,
        akiből Éva lett,
hordok egy titkos mátkát
        egy félelmes szüzet:

halálomat, —a leghűbb—,
        érzékibb szeretőt,
a legjobb baj-csitítót
        és bú-feledtetőt.

Nem igaz, hogy magány vár!
        Eszmél bennem a társ.
Készül egy minden násznál
        teljesebb ősi nász.

Eszmél, ki még csak részem,
        s tétovan ad jelet,
betölti majd egészen,
        amiért küldetett.

Testemből egy nő teste
        lép ki,—karjába vesz.
Rettentő csoda lesz, de
        éppoly természetes.
                    Gyula Illyés (1902-1983)

❖

Végrendelet

Ha jársz májusi meleg ég alatt
s nem tudni honnan, mert hisz süt a nap,
arcodra hull egy tiszta, könnyü csepp,
gondolj reám. Rádhagyom könnyemet.
Szerettelek és megsirattalak.
                    Gyula Illyés (1902-1983)

Eve

Like the rib which, to make Eve,
   was torn from Adam's side,
so I carry a secret,
   awesome virgin bride:

my death!—the most faithful, most
   carnal lover I know;
the best trouble-soother and
   eraser of sorrow.

It's not solitude that waits!
   My partner stirs in me.
The nuptials the most ancient
   and most complete shall be.

Though but part of me, she stirs
   and vaguely gives a sign;
she will fulfill the purpose
   for which she's been assigned.

A woman's body will leap from mine,
   her arms clasping me tight.
It will be an awesome miracle
   but a natural sight.

Gyula Illyés (1902-1983)
Translated by John P. Sadler

Last Will

When you walk under the warm May sky
and not knowing from where, since the sun shines,
a clear, light, drop falls on your face,
think of me. I bequeath you my tears.
I loved you and cried for you.

Gyula Illyés (1902-1983)
Translated by Katherine Gyékényesi Gatto

❖

A feleségnek

Messziről, itt is te tartod a sorsom.
Nyugodtan fekszem. Erősebb, szívósabb,
egyre nagyobb vagy, minél távolabb vagy.
Országnyi két karodban ringatódzom.
Gyula Illyés (1902-1983)

❖

Az a szép, régi asszony

Azt a szép, régi asszonyt szeretném látni ismét,
akiben elzárkózott a tünde, lágy kedvesség,
aki a mezők mellett, ha sétálgattunk hárman,
vidáman s komolyan lépett a könnyü sárban,
aki ha rám tekintett, nem tudtam nem remegni,
azt a szép, régi asszonyt szeretném nem szeretni.
Csak látni szeretném őt, nincs vele semmi tervem,
napozva, álmodozva amint ott ül a kertben,
s mint ő maga, becsukva, egy könyv van a kezében
s körül nagy, tömött lombok zúgnak az őszi szélben.
Elnézném, amint egyszer csak tétovázva, lassan
mint aki gondol egyet a susogó lugasban,
föláll és szertepillant és hirtelen megindul
és nekivág az útnak, mely a kert bokrain tul
ott lappang elvezetni a távolokon által
két oldalán a búcsút integető fákkal;
csak úgy szeretném látni, mint holt anyját a gyermek
azt a szép, régi asszonyt, amint a fényben elmegy.
Attila József (1905-1937)

82

To the Wife

From far away, you guard my fate here too.
I lie peacefully. Stronger, tougher,
all the greater, the farther you are.
In the world of your arms I am rocking.
       Gyula Illyés (1902-1983)
       Translated by Katherine Gyékényesi Gatto

❖

That Beautiful Woman From the Past

I would like to see again that beautiful woman from the past,
in whom soft ethereal tenderness enclosed itself,
who when we three took a walk next to the fields,
cheerfully and seriously stepped in the light mud,
who when she glanced at me, made me tremble,
that beautiful woman whom I would love not to love.
I would only like to see her, I have no plans with her,
Sunbathing, daydreaming as she sits there in the garden,
And like herself, a closed book, in her hand
and around her large, thick branches that rustle
    in the autumn wind.
I would watch, as she once hesitatingly, slowly
Like one who makes up her mind in the whispery bower,
Stands up and looks around and suddenly departs
And takes to the road, that beyond the garden's shrubs
lies hidden to lead her through the distance
with trees waving farewell on either side;
I would only like to see her, as the child its dead mother
that beautiful woman from the past, as she leaves in the light.
       Attila József (1905-1937)
       Translated by Katherine Gyékényesi Gatto

❖

Két Karodban

Két karodban ringatózom
csöndesen.
Két karomban ringatózol
csöndesen.
Két karodban gyermek vagyok,
hallgatag.
Két karomban gyermek vagy te,
hallgatlak.
Két karoddal átölelsz te,
ha félek.
Két karommal átölellek
s nem félek.
Két karodban nem ijeszt majd
a halál nagy
csöndje sem.
Két karodban a halálon,
mint egy álmon
átesem.

Miklós Radnóti (1909-1944)

❖

In Your Arms

In your arms I'm rocking, rocking,
hushaby;
in my arms you're rocking, rocking,
lullaby.
In your arms I am a boychild,
quieting;
in my arms you are a girlchild,
listening.
In your arms you hold me tightly
when I'm scared;
when my arms can hold you tightly
I'm not scared.
When you're holding me, not even
death's huge hushaby
can frighten me.
In your arms through death as dreaming
I will fall so
dreamingly.

> *Miklós Radnóti (1909-1944)*
> *Translated by Zsuzsanna Ozsvath and*
> *Frederick Turner*

❖

Canzone

Még nem tudom, hogy mennyi vagy nekem,
ó, hallgat még felőled benn a lélek,
mely fátylat von köréd, szerelmesem
s még nem tudom, hogy néked mennyit érek,
jósorsodat hozom, vagy tán halálom
arany s gyémánt diszét, még nem tudom:
uj, mézes fájdalom
indái közt nehéz utat találnom.

Csak azt tudom, hogy társra sose várt
az én szivem, s lettél egyszerre társa,
elvéve tőle életet s halált,
hogy visszaadd másféle ragyogásra;
hol bennem erdő volt: dúvad—s madár—had
hazátlan csörtet villámtűz elől;
és kunyhóm összedől,
ha benne otthonod meg nem találtad.

Csak azt tudom, hogy hajlós testeden
szinte öröktől ismerős a testem,
fejemnek fészke ott a kebleden,
nem szégyen, ha előtted könnybe-estem,
semmit se titkolok s ős-ismerősen
jársz vad, töretlen Tibet—tájamon,
imbolygó szánalom,
vagy éji égen csillagkérdező szem.

A megtépett ideg, e rossz kuvik,
szemed nyugodt kék mécsét megtalálja;
kicsinyke urnő, térdedhez buvik
s elszunnyad az érzékiség kutyája;
és benn a Fénykirály, az örök ember,
még hallgat, tán nem tudja szép neved
s nem mond itéletet,
igy vár piros ruhában, szerelemben.

Sándor Weöres (1913-1988)

❖

Canzone

I don't know yet, how much you mean to me,
oh, the soul within still listens,
and wraps a veil around you, my love
and I still don't know, how much I mean to you,
do I bring you a happy fate, or perhaps my death's
gold and diamond adornments, I don't know yet:
in the tangle of sarment's new honeyed pain
it is hard for me to find the way.

I only know that, my heart never awaited
a companion, and suddenly you became one,
taking away from it life and death,
and giving it back for a different splendor;
where inside of me there was a forest: animals and birds
homeless clatter by fleeing from lightning's fire;
and my hut collapses,
if you didn't find your home in it.

I only know, that on your supple body
almost since forever my body is known to me,
my head's nest is there on your breast,
it's not a shame, if I broke into tears before you,
I don't conceal anything and you walk well-known
on my wild, untrodden Tibetan landscape,
waivering pity,
or starry questioning eye of the night sky.

The torn nerve, this bird of ill-omen,
finds the peaceful blue candles of your eyes;
little lady, the dog of sensuality
hides at your knee and falls asleep;
and within the Lightking, the eternal man,
but listens, perhaps he doesn't know your
beautiful name and does not judge,
thus he waits in his red garment, in love.

Sándor Weöres (1913-1988)
Translated by Katherine Gyékényesi Gatto

Szomorú szerelmes vers

A szóra, napra semmiképp
már nem emlékezem.
Csak annyi biztos, rég, de rég
történt ez kedvesem.
       Te mondtad ki, vagy búmban én
e szót,—ki tudja már?
De kettőnk földjén és egén
reccsent a láthatár.
       A hasadás még oly piciny
és oly aprócska volt,
hogy szánk felette könnyedén
egymásfelé hajolt.
       Öleltük egymást boldogan …
—s a rés csak egyre nőtt.
Előbb patak, majd kis folyam
fénylett szivünk között.
       Nemrég, ha nyujtottam nagyon
s te nyujtottad kezed,
tudtam, hogy megszorithatom
és elérhettelek;
       tudtam, hogy kissé távolabb
kerültél tőlem;—ám
láttam mosolygó arcodat
a víz túloldalán.
       S vasárnap döbbent rá szivem,
hogy tenger hömpölyög
közöttünk. Nem lát at a szem
hullámai fölött.
       S én állok partján—szép neved
kiáltva—reggelig,
de hangomat a rengeteg
hullámok elnyelik.

Károly Jobbágy (1921-)

❖

A Sad Love Poem

There's no way I remember now
the word, the day.
But it surely happened somehow
long, long ago, someway.

You said, or in my sorrow, I,
the word, —who knows today?
But between our earth and sky
the cracked horizon lay.

The crack was really small
and still so tiny yet,
our mouths in spite of it all
clingingly easily met.

We embraced when we met ...
and the gap continued to grow.
First a stream, then a rivulet
between our hearts shone.

Not long ago, if I stretched
and you extended your hand,
I knew, that it I could catch
and your touch demand.

I knew, that you grew slowly
farther from me; and more,
I saw you smiling coldly
on the water's other shore.

And on Sunday my heart knew,
that an ocean surges, raves
between us. The eye too
can't see beyond the waves.

And I stand on the shore-shouting
your beautiful name—till morning,
but my voice, mere mouthing
is swallowed by the water's roaring.

Károly Jobbágy (1921-)
Translated by Katherine Gyékényesi Gatto

❖

Fagyok jönnek

Fagyok jönnek sorban,
fehér dühű gárda,
mint a perec roppan
az esendők válla.

Nélküled hol laknék?
—megborzong a lélek—
Hajnaltüzes hajlék
a te közelséged.

Szemem elől vedd el
a tél-hideg tányért,
etess szerelemmel,
hogy ne legyek árnyék.

Szerelmünk tűztornyát
engedd betetőznöm—
kapcsold ki a szoknyát
az aranycsipődön.
László Nagy (1925-1978)

Frosts Are Coming

Hard frosts march together--
white rage, a ruthless guard
snapping down the shoulder
like pretzel in their tread.

Where to live without you?
That makes fibers shiver.
Your nearness a refuge
dawn's slow fires discover.

I can't bear the sight of
that winter-cold platter.
Take it! Feed me with love
now my shadow wears thinner.

Let me put the roof on
our love's burning tower;
unfasten the skirt on
your hip's gold and lustre.

László Nagy (1925-1978)
Translated by Alan Dixon

❖

Ez a nap

Egy nap veled,
egy nap megint az őrület:
szobád és tested félhomálya,
csöndje és határtalansága.

Kitakart szád és semmi más—
ottkint vadszőlő villogás:
az égen véraláfutás.

Vakmerő remény így szeretni,
melledért, szádért megszületni,
földdel, egekkel keveredni.

A nyár, mint a vér, megalvad,
összeomlik, mint birodalmak:
virág-romok,
levél-halottak
gyűlnek körénk gyöngéd mocsoknak.

Ne félj, nem félek, ez a nap
bebalzsamozza ágyadat,
kezedet, hallgatásodat
s fekszem melletted akkor is,
mikor az álom hazavisz,
mikor már nem lesz több szavam,
csak ennyi:
szél van,
este van.

Sándor Csoóri (1930-   )

❖

This Day

One day with you,
one day the madness again:
the dusk of your room and your body,
its quiet and boundlessness.

Your uncovered mouth and nothing else—
outside the sparkle of woodbine:
in the sky a black and blue mark.

It's a daring hope to love like this.
to be born for your breasts, for your mouth,
to blend with the earth and the sky.

Summer, like blood, clots,
like empires, it crumbles:
flowers—ruins,
leaves—the dead
gather 'round us like gentle filth.

Don't be afraid, I'm not, this day
embalms your bed,
your hands, your silence
and I lie beside you even
when sleep carries me home,
when I no longer have words,
only these:
there is wind,
it is evening.

Sándor Csoori (1930-   )
Translated by Katherine Gyékényesi Gatto

Quotations, Proverbs, Sayings

TRANSLATED BY
Katherine Gyékényesi Gatto

❖

A szerelem szárnyon jár,
Repül mint a tündér madár.
Ha kire száll s kibe vár,
Kincsre tesz szert és jól jár.
Flower Song

❖

Kicsi a bors de erős!
Proverb

❖

Ki mint veti ágyát, úgy alussza álmát!
Proverb

❖

Ma nekem, holnap Neked!
Proverb

❖

Szerelmes a nap a holdba.
A hold meg a csillagokba.
A csillagok az egekbe.
Én meg a Te kék szemedbe.
Folksong

❖

Káka tövén költ a ruca,
Jó földben terem a búza;
De ahol a hű lány terem,
Azt a helyet nem ismerem sehol sem.
Folksong

Love flits on a wing,
It flies like a magical finch.
On whom it lands and on whom it waits,
Will be rich and blessed by the fates.
Flower Song

The peppercorn is small but smarts!
Proverb

The way you make your bed, is the way you will sleep!
Proverb

Today for me, tomorrow for you!
Proverb

The sun loves the moon.
The moon loves the stars.
The stars love the skies.
And I your beautiful blue eyes.
Folksong

The duck hatches its eggs in the rushes,
The wheat grows in the rich earth;
But where a true sweetheart may be,
Still remains a mystery to me.
Folksong

Tavaszi szél vizet áraszt, virágom,
virágom.
Minden madár társat választ, virágom
virágom.
Hát én immár kit válasszak, virágom,
virágom?
Te engemet, én tégedet, virágom,
virágom.
Folksong

Zöld erdőben, zöld mezőben,
Zöld erdőben, zöld mezőben sétál egy madár.
Kék a lába, zöld a szárnya,
Kék a lába, zöld a szárnya, jaj, be
gyöngén jár!
Várj, madár, várj! Te csak mindig várj,
Még az Isten megengedi: enyém leszel már!
Folksong

Szerelem, szerelem,
Átkozott gyötrelem,
Hogy nem termettél volt
Minden fa tetején?
Folksong

❖

Lakodalom, sokadalom:
nincsen akkor beteg asszony.
Proverb

Cifraszűröm szegre van akasztva,
Gyere, rózsám, akaszd a nyakamba!
Ugyis tudod, ott annak a helye;
Még az éjjel betakarlak vele.
Folksong

Spring breezes carry showers, my flower,
my darling.
Birds nest in fragrant bowers, my flower,
my darling.
Whom shall I choose then, my flower,
my darling?
You choose me, and I choose you, my flower,
my darling.
Folksong

In the green forest,
in the green meadow,
In the green forest, in the green meadow strolls a bird.
Blue are its legs, green are its wings,
Blue are its legs, green are its wings, oh, how
lightly it springs!
Wait, bird, wait! You must always wait,
God will yet allow that you should be my mate.
Folksong

Love, love
Cursed torment,
Why did you not flower
Among the leaves?
Folksong

Wedding day, bountiful day:
then there is no sick woman I say.
Proverb

My fancy cloak hangs on a nail,
Come, love, let it on my ankles trail,
Well you know, that's where it should be.
Tonight it'll cover you and me.
Folksong

❖

Két szemem világa, életem csillaga,
szűvem, szerelmem, lelkem,
Kinek modján, nevén, szaván, szép termetén
jut eszemben énnekem
Régi nagy szerelmem, ki lőn nagy keservem,
végy szerelmedben engem!
Bálint Balassi

❖

A szerelem vak.
Proverb

❖

Ravasz a szerelem, aranybéklyóval jár.
Proverb

❖

Szerelem, bor, kocka ürítik az erszényt.
Proverb

❖

Szerelem és harag nem igaz bírák.
Proverb

❖

Szerelem, uraság nem szenvednek társat.
Proverb

❖

Szerelmet, füstöt, köhögést nem lehet eltitkolni.
Proverb

Light of my eyes, star of my life,
my heart, my love, my soul,
Whose manner, name, words, and beautiful being
make me remember
My great love, and seeing my great torment,
embrace me with your love!
Bálint Balassi

Love is blind.
Proverb

Love is cunning, it wears golden fetters.
Proverb

Love, wine, and gambling empty the purse.
Proverb

Love and anger are not fair judges.
Proverb

Love and the nobility don't tolerate sharing.
Proverb

Love, smoke, and coughing cannot be hidden.
Proverb

Nappal van a lakodalom,
Éjjel van a löködelem.
Proverb

❖

Ennek a barna lánynak dombon van a háza.
Elöl rövid, hátul hosszú a szoknyája,
Elöl rövid, hátul hej de nagyon hosszú,
Ennek a barna lánynak nem kell a gyöngykoszorú.
Folk poetry

❖

Erőltetett házasságnak nincs jó gyümölcse.
Proverb

❖

Házasság, hadvezér, királyválasztás isten dolga.
Proverb

❖

Házasság rabság, özvegység mentség, szüzesség nemesség.
Proverb

❖

Egyenetlen házasságnak ritka jó vége.
Proverb

The wedding during the day,
The welding during the night.
Proverb

This little girl's house is in the dale.
In front her skirt is short, in back it's long.
In front her skirt is short, in back it's so long.
This little girl won't need a white bridal veil.
Folk poetry

A forced marriage doesn't bear good fruit.
Proverb

Marriages, commanders, and kings are God's business.
Proverb

Marriage is slavery, widowhood is salvation,
virginity is nobility.
Proverb

A bumpy marriage rarely ends well.
Proverb

Nem esik a csók hiába.
Proverb

❖

Nyomorú csók az, melyért fizetni kell.
Proverb

❖

Úgy élnek mint a galambok.
Proverb

❖

Akármilyen vénasszony, ha férjhez megy, menyasszony.
Proverb

❖

Kettőt nem tanácsos elvenni:
vénasszonyt pénzéért, ó kocsit vasáért.
Proverb

❖

Egy vénleány annyit ér,
mint egy megírott s el nem küldött levél.
Proverb

Kisses are not for nothing.
Proverb

It's a pitiful kiss, if you have to pay for it.
Proverb

They're living like turtledoves.
Proverb

Any old woman, if she marries, is a bride.
Proverb

Don't marry an old woman for her money;
don't buy an old carriage for its iron.
Proverb

A spinster is like an old letter that was written,
and was never sent.
Proverb

A házasság az a műhely, amelyben két ember bölcsességgel,
türelemmel és kölcsönös lemondással a közös boldogságon
dolgozhatik. Olyan, mint a jó termőföld: csak azt adja
vissza megsokszorozva, amit beléje vetnek.

Endre Nagy

Az igazi szerelem azért életprogram, mert egy
életre szóló föladatot jelent.

Endre Nagy

Ha értődés van egymással, akkor minden van,
de ha értődés nincsen, akkor hiába van akármi,
semmi sincsen.

Egy csángó asszony

A rossz házasság olyan, mint a fizikai
rokkantság: az élet egészére kihat,
és a lehetőségeket csökkenti.

László Cseh-Szombathy

Ahogy én szeretlek, nem szeret úgy senki,
Ahogy én csókollak, nem csókol úgy senki.
Így sohase vártak, így sohase kértek,
Így még nem szerettek soha soha téged.

Imre Farkas

Marriage is a workshop, wherein two people with wisdom, patience and mutual self-denial, work towards their happiness. It is like the fertile field: it gives back bounteously that which is sown.
Endre Nagy

True love is a program for life,
because it represents a life-long task.
Endre Nagy

If there is mutual understanding, then there is everything.
But, if understanding is missing,
then no matter what else you have, there is nothing.
A Csángó woman

A bad marriage is like a physical infirmity:
it affects all of life, and limits the possibilities.
Lászlo Cseh-Szombathy

The way I love you, no one loves you,
The way I kiss you, no one kisses you.
No one has waited for you, no one has begged you,
No one has loved you, ever, the way that I do.
Imre Farkas

❖

Minden dicsőségnel,
minden tehetségnél többet ér: szeretni.
Nem az, hogy az embert szeretik,
hanem az, hogy az ember szerethet! ...
Szeretni valakit, felolvadni benne, érte élni, vele élni, vágyódni,
vágyódni utána: ez az élet értelme.
Mari Jászai

❖

Szabadság, szerelem, E kettő kell nekem.
Szerelememért föláldozom
Az életet, Szabadságért föláldozom
Szerelmemet.
Sándor Petőfi

❖

A szerelem, a szerelem,
A szerelem sötét verem;
Bele estem, benne vagyok,
Nem láthatok, nem hallhatok.
Sándor Petőfi

❖

A szerelem mindent pótol, s a szerelmet
nem pótolja semmi.
Sándor Petőfi

❖

Férfi sorsa a nő.
Mór Jókai

More than glory, more than talent,
it is more worthy: to love.
Not that one is loved, but that one can love ...
To love another, to melt into him, to live for him,
to live with him, to desire, to long for him:
this gives meaning to life.
Mari Jászai

Freedom and love,
These two things I need.
For love I sacrifice my life,
For freedom I sacrifice my love.
Sándor Petőfi

Love, love
Love is a dark trap;
I fell into it, I'm in it,
I can't see, I can't hear.
Sándor Petőfi

Love makes up for everything, but
nothing makes up for love.
Sándor Petőfi

Man's destiny is woman.
Mór Jókai

Nézd meg az anyját, vedd el a lányát.
Árpád Berczik

Csak egy kislány van a világon.
Az is az én drága galambom.
A jó Isten, jaj de nagyon szeretett,
Mikor téged nekem teremtett.
Elemér Szentirmay

Házasságok az égben köttetnek.
Kálmán Csathó

A szerelem legszentebb és legfontosabb
érzésünk, amely a másik emberhez köt, amely
a világhoz, a jövőhöz kapcsol;
a szerelem az élet legnagyobb öröme,
egyedüli menedékünk a halál ellen.
Lajos Mesterházi

Ha az ember nem áll készen a szerelemre, ezer nő
is foroghat körülötte, észre sem veszi őket.
Belül kell készen lenni ...
Imre Mihályfi

First examine the mother, then
marry the daughter.
Árpád Berczik

There is only one girl in the world for me.
She is my precious dove.
God was good, how much he loved me,
When he created you for me.
Elemér Szentirmay

Marriages are made in heaven.
Kálmán Csathó

Love is our most holy and most important
emotion, which ties us to one another,
which links us to the world, to the
future; love is life's greatest joy, our
only salvation from death.
Lajos Mesterházi

If man is not ready for love, he can be
surrounded by a thousand women, he won't
even notice them. He has to be ready within ...
Imre Mihályfi

... miért mondják a szerelmet mindenhatónak?
Azért, mert meg tudja csinálni a csudát,
hogy két ember elviselhetővé váljék egymás számára.
Endre Nagy

Első ideálomat egy alagútban szerettem meg.
Amikor a vonat kiért a világosságra, akkor
láttam, hogy vén és csúnya. De már akkor
késő volt. Akkor már szerettem őt.
Viktor Rákosi

Akinek csak egyszer is mondták életében:
"Aludj a karomban!", az ne kérdezze, hogy
minek élt a földön.
Éva Ancsel

Nézd meg a családban a nőt—s megtudod belőle,
milyen az egész család. Tanulmányozd egy
országnak a nőit, s megösmered az egész nemzetet.
Kálmán Mikszáth

Férfit csak asszony védhet meg igazán:
anya és szerető.
János Bókay

... why do they say that love is all powerful?
Because, it can create the miracle of
making two people bearable to one another.
Endre Nagy

I found my first ideal love in a tunnel.
When the train reached light again, I
saw that she was old and ugly. But by
then, it was too late. I loved her.
Viktor Rákosi

If you have ever heard only once in life:
"Sleep in my arms!", do not ask why
you have lived.
Éva Ancsel

Observe the women in a family—and you
will learn what the family is like. Study the women of a country,
and you will know what the nation is like.
Kálmán Mikszáth

Only a woman can truly defend a man:
a mother or a lover.
János Bókay

Ne mondd azt, hogy öreg asszony vagy!
Te egy örök asszony vagy.
Zoltán Kodály

Szerelem és a bor!
Kiben e kettő forr,
Nincsen ott nyugodalom ...
Péter Beniczky

Sohasem kell egy asszonyt dicsérni más asszony előtt,
mert a'nem esik jóízűn.
Kelemen Mikes

Akármely szép legyen a gyémánt,
de ha rútul vagyon metszve, nem becsülik.
Kelemen Mikes

Igaz az, hogy mindenütt férfiak parancsolnak és vezérelnek
házaiknál, de asszonyok helyheztetik beléjek azon titkos
ösztönt, mely szerint nyugodalmakat, boldogságokat keresik.
György Bessenyei

Nem jobb-e egyet szeretni,
Mint sokakat ölelgetni?
Ferenc Kazinczy

Do not say that you are an old woman!
You are an eternal woman.
Zoltán Kodály

Love and wine!
In whom these two boil,
There is no peace ...
Péter Beniczky

Never compliment a woman in front of other women, because
none of them will like it.
Kelemen Mikes

It doesn't matter how beautiful the diamond is, if it is
roughly cut, it won't be valued.
Kelemen Mikes

It is true, that everywhere it is the men who command and lead
their household, but it is the women who develop in them that
secret instinct, which makes
them seek peace and happiness.
György Bessenyei

Isn't it better to love one,
Rather than to embrace many?
Ferenc Kazinczy

Szerelem a föld, víz, tűz, ég,—
S azt te mégsem ismernéd még?—
Kémleld ki csak szívedet,
Megtanít az tégedet.
Sándor Kisfaludy

Más most egész természetem:—
Mert szeretek s szerettetem ...
Sándor Kisfaludy

Az ész ezer bajt okozó;—
Ezt el lehet kerűlni;
A szív, minthogy ragadozó,
Könnyü benn elmerűlni.
Sándor Kisfaludy

Nevetni vagy pedig
könnyezni; ez mindegy az asszonyoknál.
József Katona

Sok férfiak—tudom magamról—az olyat,
ki könnyű győzedelmet ígér,
azért se szívelik: de légyen a meghóditás nehéz,
már akkor ők csak puszta büszkeségböl is belé szeretnek.
József Katona

Love is the earth, water, fire, sky,—
And you still don't recognize it?—
Just peer into your heart,
It'll teach you.
Sándor Kisfaludy

My whole nature is different now:—
Because I love and I have myself loved ...
Sándor Kisfaludy

The brain causes a thousand problems;—
One can avoid these;
The heart, since it's rapacious
Is a lot harder to escape.
Sándor Kisfaludy

To laugh or to shed a tear;
It makes no difference for women.
József Katona

Many men—and I know this about myself—will
not love a woman who promises to be an easy
victory: but if the conquest is difficult, then out
of sheer pride, they will fall in love with her.
József Katona

Szabad tekéntet, szabad szív, szabad
szó, kézbe kéz és szembe szem, —minálunk
így szokta a szerelmes: aki itt
letérdel, az vagy imádkozik, vagy ámit!
József Katona

Ó, semmi sincsen oly gyalázatos,
mint visszaélni az asszonyi gyengeséggel!
József Katona

A szerelem nem okoskodik; ha okoskodik,
már nem szerelem többé.
István Széchenyi

A szerelem semmihez sem hasonlítható érzés.
Olyan, mint a szerelem.
László Feleki

Élet szerelem nélkül körülbelül annyit ér,
mint szerelem élet nélkül.
László Feleki

A free glance, a free heart, freely spoken words,
hand in hand and eye to eye, —this is
how love is by us: whoever kneels here,
is either praying, or acting.
József Katona

Oh, there is nothing more despicable,
than to take advantage of a woman's weakness!
József Katona

Love does not argue;
if it argues, it is no longer love.
István Széchenyi

Love is like no other emotion.
It is like —love.
László Feleki

Life without love is worth as much as
love without any life.
László Feleki

Nincsen nékem egyéb bajom
A szerelem szívfájdalom
Az is jár nekem végemre
Az visz a temetőkertbe.
Folksong

❖

Addig élek, amíg élek
Amíg bennem zeng a lélek
Zeng a lélek, zeng a szó
Zeng a szerelem-ajtó
Csillag ég a hegytetőn
Az is az én szeretőm
Ha hamis is, legyen is
Az vagyok én magam is
Folk poetry

❖

Hozzászokott, mint a vénlány
a kopott pártához.
Proverb

❖

Vénlánynak mindig kurta a farsang.
Proverb

❖

Szüzességnek csak egy a prédája.
Proverb

❖

Kilelte a szerelemhideg.
Proverb

I have no other care
Only love is my heartache
That's what will cause my end
That's what will drive me to the graveyard.
Folksong

I live as long as I live
So long as my soul sings within me
Resounds my soul and ring my words
And resounds the door to love
A star shines on the mountain top
It, too, is my lover
If she is fickle let her be
Just as fickle am I myself.
Folk poetry

She got used to it, as the spinster
to the worn-out bridal headdress.
Proverb

For a spinster, carnival is always too short.
Proverb

Virginity can be put to only one test.
Proverb

She/He got the shivers of love.
(She/He fell head over heels in love.)
Proverb

Ha korán házasodol, korán bánod meg.
Proverb

Házasságról való beszélgetésnek nincsen vége.
Proverb

A házasság nem kölcsön kenyér.
Proverb

Aki őrzi a feleségét, annak sok dolga van.
Proverb

Feleség fél ellenség.
Proverb

Feleség fél segítség.
Proverb

If you marry early, you will regret it early.
Proverb

A discussion about marriage has no end.
Proverb

Marriage does not mean repaying one in kind.
Proverb

He who guards his wife, has a lot of work.
Proverb

A wife is half an enemy.
Proverb

A wife is half helpfulness.
Proverb

✥

Ifjú feleségen, malmon mindig van igazítanivaló.
Proverb

✥

Jámbor feleséget csak az isten adhat.
Proverb

✥

Ki feleségét nem félti, nem is szereti.
Proverb

✥

Okos feleség nagy istenajándéka.
Proverb

✥

Minden biológus meg tudja mondani, mi a szerelem.
Csak a szerelmes biológus nem tudja megmondani.
Gyula Fekete

✥

A páros együttlét két szakasza:
    —amikor mindkettő minden rossz emléket elfelejt;
    —amikor minden rossz emlékük eszükbe jut.
A páros távollét két szakasza:
    —amikor csupa szép emlék jut eszükbe;
    —amikor minden szép emléket elfelejtenek.
Gyula Fekete

A young wife, like a mill, always needs adjusting.
Proverb

Only God can bestow a devout wife.
Proverb

He who does not fear for his wife, does not love her.
Proverb

A smart wife is a great gift from God.
Proverb

Every biologist can tell you what love is.
Only the biologist who is in love does not know.
Gyula Fekete

A pair's togetherness has two phases:
   —when husband and wife forget all the bad;
   —when husband and wife remember all the bad.
A pair's separation has two phases:
   —when husband and wife remember only the good;
   —when husband and wife forget all the good.
Gyula Fekete

A szerelem az értelmes lény—a **homo sapiens**—
kulturájával együtt született, és nem lehet
úgy profanizálni, károsítani, zülleszteni a szerelmet, hogy a
kultúrát is károsodás ne érje.
Gyula Fekete

Jaj, de bajos egy párnára feküdni
Azzal, akit nem igazán szeretünk
A párnának a két széle elszakad
A közepe tiszta újon megmarad
Folksong

Tökéletesen összeillő házaspár! Ami az
egyikből hiányzik, az a másikban sincs meg.
László Feleki

A nő ereje a gyengesége.
László Feleki

Nem igaz, hogy a szerelem vak. Ellenkezőleg,
a szerelmes olyasmiket lát meg imádottjában,
amiket más nem vesz észre.
László Feleki

Az első és az utolsó szerelem az igazi.
László Feleki

Love was born with a rational
being's —**homo sapiens**—culture,
and one cannot profane it, damage it, degrade it,
without also affecting the culture.
Gyula Fekete

Oh how awkward it is to lie on the same pillow
With the one we do not love truly
The two ends of the pillow get worn
Its middle remains brand new.
Folksong

They are a perfect match! What is missing in one,
is also missing in the other.
László Feleki

A woman's strength is her weakness.
László Feleki

It's not true, that love is blind. It's just
the opposite; the lover sees things
in the beloved, that no one else can see.
László Feleki

The first and the last love are true.
László Feleki